La bufala che ancora vive

: I Protocolli dei Savi di Sion

Ian Day

ISBN: 9798253257869

Table of Contents

La grande menzogna contro la realtà

I Protocolli dei Savi di Sion sono una misteriosa serie di documenti che descrivono un complotto ebraico per distruggere il mondo.

Nel diciannovesimo secolo, la polizia zarista russa creò i Protocolli per allentare il fuoco del governo inefficace della famiglia Romanov, incoraggiare l'antisemitismo e ritrarre i potenziali rivoluzionari come strumenti della presunta cospirazione ebraica.

4

Cospirazione ebraica

I Protocolli dei Savi Anziani di Sion furono progettati per smorzare il fallimento del governo della famiglia Romanov in Russia, creando dei piantagrane per il cambiamento politico come seguaci di un complotto ebraico per governare il mondo.

Servì come falsa dottrina per l'incitamento ai pogrom contro le comunità ebraiche in Russia.

Quando molti russi bianchi anticomunisti fuggirono dalla Russia negli anni successivi alla rivoluzione bolscevica del 1917, il particolare antisemitismo russo viaggiò con loro e il protocollo iniziò ad essere tradotto nelle lingue dell'Europa occidentale e oltre.

Uno dei sostenitori più importanti fu l'industria automobilistica Henry Ford. Tuttavia, il loro uso più dannoso fu come base filosofica per il Mein Kampf di Adolf Hitler, che si diffuse fino alla persecuzione degli ebrei in

Germania e culminò nella realtà omicida della Soluzione Finale.

L'influenza dei Protocolli sulla filosofia nazista di Hitler fu tale che alcuni definirono il documento un "decreto di genocidio mondiale". Anche se si sapeva che si trovava in Russia fin dall'inizio e la pubblicazione era uscita come una frode negli anni '20, i gruppi antisemiti di tutto il mondo continuarono a pubblicare i protocolli.

Ancora oggi, i Protocolli sono spesso usati per incitare all'odio religioso e milioni di persone ci credono ancora, dai gruppi estremisti di estrema destra alle sette cristiane radicali negli Stati Uniti agli islamisti di base. In alcuni paesi del Medio Oriente, si possono trovare anche nei programmi .scolastici. Sono chiaramente una menzogna che non morirà

I Protocolli dei Savi di Sion includono ventiquattro protocolli che si presume siano registrazioni scritte di una riunione a porte chiuse di un gruppo dei principali leader ebrei del mondo verso la fine del diciannovesimo secolo, in cui essi progettarono di ottenere il dominio del mondo.

I Savi di Sion sono 300 persone, e il loro testo è posto come sacro consiglio dagli anziani a capo dei discepoli ebrei attuali e futuri.

Ciascuno dei ventiquattro Protocolli (vedi schema: "I Ventiquattro Protocolli" alla fine di questo commento alla lista) è diviso in una serie di proverbi che discutono le tattiche per conquistare un mondo definito dai gentili – la parola yiddish per non-ebreo – lassismo e decadenza.

Il piano è quello di usare la debolezza dei gentili contro se stessi.

I movimenti socialisti che attraversarono l'Europa nel

diciottesimo e diciannovesimo secolo sono presentati come un complotto ordito dagli ebrei per eliminare la popolazione non ebraica.

"Noi appariamo sulla scena come i salvatori degli operai da questa oppressione quando gli abbiamo offerto di entrare nelle file delle nostre forze combattenti - socialisti, anarchici, comunisti - ai quali diamo sempre appoggio secondo il governo fraterno (di solidarietà di tutta l'umanità) dei nostri costruttori sociali.

L'aristocrazia, che per legge godeva del lavoro degli operai, era interessata a vedere che gli operai fossero ben nutriti, sani e forti.

A noi interessa l'esatto opposto: la riduzione, l'uccisione dei gentili.

La nostra forza risiede nella cronica scarsità di cibo e nella debolezza fisica dell'operaio, perché con tutto ciò implica che egli diventa schiavo della nostra volontà, non troverà né forza né energia nei suoi poteri da opporre alla nostra volontà.

La fame crea il diritto del capitale di controllare l'operaio con la maggiore fiducia che è data alla nobiltà dall'autorità legale del re".

In questa rappresentazione, i liberali e i rivoluzionari che lottano per rovesciare i governi per i presunti interessi del popolo sono ri-ritratti come pedine dei Savi di Sion, che li usurperanno una volta che il vecchio ordine sarà restaurato. Ci sono sezioni che trattano dei sistemi finanziari del mondo, di solito la pietra angolare per coloro che sono interessati a diffondere cospirazioni ebraiche, mentre altre menzionano altri famosi miti antisemiti come la calunnia del sangue secondo cui gli ebrei erano accusati di usare il sangue fresco dei bambini cristiani nei loro pasti pasquali

La bufala che ancora vive – I Protocolli dei Savi di Sion

Gli inizi russi

I Protocolli apparvero per la prima volta pubblicamente in un giornale di destra a San Pietroburgo, Zenmia (Dichiarazione), in forma seriale tra il 28 agosto e il 7 settembre 1903.

L'editore e direttore Pavel Krushevan era un membro dei Cento Neri, un gruppo di antisemiti e ultranazionalisti di destra che lavoravano per preservare l'autorità della Chiesa ortodossa e dello zar.

Quattro mesi prima della loro pubblicazione, un altro giornale di Krushevan, Besserbats, contribuì a scatenare un pogrom contro gli ebrei a Kishinev (ora Chisinau, la capitale della Moldavia), in cui furono uccisi 49 ebrei, più di 500 feriti e 700 case e negozi distrutti.

La connessione tedesca

Nel 1868, uno scrittore tedesco di nome Hermann Godsche, con lo pseudonimo inglese di Sir John Ratcliffe, pubblicò un romanzo intitolato Biarritz.

La trama si concentrava su una cospirazione ebraica determinata a conquistare il mondo. Godche sembra essersi ispirato allo scrittore francese Maurice Jolie, i cui Dialoghi all'inferno tra Machiavelli e Montesquieu sono una pubblicazione basata sull'opposizione a Napoleone III.

Godsche, un famigerato antisemita, ha ripreso l'espediente narrativo della Jolie, ritraendo gli ebrei nella trama come cattivi.

Verso la fine del diciannovesimo secolo, lo zar Nicola II di Russia, con una mossa volta a rafforzare la sua mano tra il popolo russo e indebolire i suoi oppositori politici, chiese uno strumento che smascherasse i suoi nemici come alleati in una cospirazione per il dominio del mondo.

Su ordine dello zar, la polizia segreta russa dell'Okhrana saccheggiò varie fonti di ispirazione.

Lo trovarono nel romanzo di Godsche, e nel 1897 pubblicarono come fatto la sezione che trattava della trama ebraica.

Otto anni dopo, i Protocolli furono tradotti in inglese e ampiamente distribuiti come Protocolli registrati al Primo Congresso Sionista tenutosi a Basilea, in Svizzera, nel 1897, guidato dal "padre del sionismo moderno", Theodor Herzl.

I protocolli sono progettati per essere letti come un manuale di istruzioni per la gestione del mondo. Ad assistere nell'ambizioso progetto di dominio del mondo, dichiarano i documenti, ci sono i Massoni, i cui ordini del giorno sono manipolati dagli Anziani, e gli Illuminati bavaresi, che sono imbroglioni o conferenzieri?

Ottimo all'interno del piccolo

I Protocolli furono successivamente pubblicati integralmente nel 1905, come capitolo finale del libro apocalittico dello zelante Sergei Nilus Sergei Nilus il più grande dei piccoli: l'Anticristo era considerato una possibilità politica prossima, note di un credente ortodosso.

Nilo vedeva il mondo in termini religiosi.

Per lui, la rivoluzione socialista era analoga alle profezie del Libro dell'Apocalisse dell'Antico Testamento secondo cui prima della seconda venuta del Messia, l'anticristo sarebbe venuto, sarebbe stato incoronato dagli ebrei come Messia e avrebbe conquistato il mondo.

Affermò di aver visto documenti segreti secondo i quali il re Salomone il Saggio già nel 929 a.C. si riunì con il suo consiglio degli anziani nella cittadella di Gerusalemme per sviluppare un piano per conquistare il mondo senza spargimento di sangue.

Nel corso dei secoli, questo piano è stato messo a punto da generazioni successive di anziani ebrei al punto che ora è sul punto di essere attuato con successo (secondo Nile).

La copia dei protocolli che aveva pubblicato, sosteneva, era stata rubata agli anziani ebrei e gli era stata data da una fonte anonima.

Lo sviluppo delle frodi

Sergei Nilus, avvocato e mistico, approfittò delle superstizioni e degli intrighi della corte russa verso l'inizio del XX secolo.

Sua moglie aveva influenza sulla zarina e su sua sorella, e così Nile ricevette il permesso di pubblicare i Protocolli, ribaltando così il precedente divieto di Nicola II.

Nel corso di molte edizioni successive, la sua storia di come è arrivato a metterci le mani sopra è cambiata più di una volta.

Nella prefazione al suo libro del 1911, Nile scrisse:

"Nel 1901 riuscii, attraverso un mio conoscente (il defunto maresciallo di corte Aleksej Nikolaevič Sukotin di Černigov) ad ottenere un manoscritto che rivelava con straordinaria perfezione e chiarezza il corso e lo sviluppo dell'ebreo segreto che mi diede questo manoscritto e mi assicurò che sarebbe stata una traduzione fedele dei documenti originali rubati da una giovane donna intraprendente a uno dei leader più anziani e influenti della Massoneria in un incontro esclusivo da qualche parte in Francia - l'amato nido della cospirazione massonica".

Tuttavia, nella sua edizione del 1905, Nile affermò che i protocolli erano stati scritti in una riunione dei Savi di Sion tenutasi nel 1902-03. Nell'edizione del 1917, l'originale era cambiato di nuovo.

Questa volta si trattò della prima conferenza sionista, tenutasi nel 1897 a Basilea, in Svizzera. Secondo lui, questa è la 19a circolare della conferenza. Tuttavia, questo documento non è mai stato trovato, ed è altamente dubbio che sia mai esistito.

In un epilogo alla prima edizione inglese pubblicata nel 1920, Nile cambiò nuovamente idea e affermò che "il mio amico li trovò nelle casseforti della sede centrale della Società di Sion, che ora sono in Francia".

Distrazione dall'incompetenza

Può sembrare ridicolo che un'opera così non verificata di uno pseudo-filosofo di second'ordine possa guadagnare un punto d'appoggio significativo nel dibattito politico russo.

Tuttavia, la Russia a quel tempo era un posto ridicolo.

Sia lo zar che sua moglie erano in gran parte sotto l'influenza di mistici e ciarlatani carismatici come Rasputin.

Lo zar Nicola adottò la personalità autocratica di suo padre, ma gli mancava la capacità intellettuale di controllare in modo efficace, lasciandolo esposto sia alle opinioni di fanatici religiosi come Nilo, che romanticizzava lo zar, sia a poteri ultra-nazionali più competenti come i Cento Neri.

Come suo padre, Alessandro III, Nicolas era un antisemita dichiarato.

I Protocolli furono introdotti nella casa reale dal Gran Principe Sergej Aleksandrovič, che era anche governatore di

Mosca, aveva stretti legami con i Cento Neri ed era personalmente coinvolto nella discriminazione contro gli ebrei.

Non solo Sergej era lo zio dello zar, ma era anche sposato con Elizaveta, la sorella della zarina, Alessandra.

Non si sa esattamente quando Nichols sia stato in grado di leggere i protocolli, anche se ha preceduto la loro pubblicazione. La sua reazione iniziale è stata entusiasta.

Erano una piacevole e casuale distrazione dagli effetti della sua incompetenza e contribuivano a confermare la sua convinzione che "la mano guida e distruttiva dell'ebraismo può essere vista ovunque".

Come Adolf Hitler, progettò di incorporare i Protocolli come pilastro della sua politica.

Tuttavia, il suo ministro dell'Interno, Pyotr Stolypin, ordinò ad alcune persone di indagare sui protocolli per vedere se potevano essere usati come base per una grande campagna antisemita, solo per scoprire che erano fraudolenti.

In risposta, Nicolas, che sebbene incompetente, mantenne un senso di rispetto, ordinò: "Lascia i protocolli! Non si può difendere un bersaglio puro con metodi sporchi".

Di conseguenza, i protocolli sono stati vietati.

In sintesi: l'ultimo zar russo Nicola II, ucciso dai bolscevichi durante la rivoluzione russa, per distogliere l'attenzione dai propri problemi, il governo russo incoraggiò teorie cospirative antisemite.

Quando lesse per la prima volta I Protocolli, era entusiasta.

Tuttavia, quando scoprì che probabilmente si trattava di una frode, il suo senso dell'onore aumentò e gli impedì di permettere che venissero usati ufficialmente per fomentare sentimenti e retorica antisemita.

Pubblicazione dei protocolli

Solo perché lo zar se ne è lavato le mani di questo documento dubbio non significa che sia finito.

Molti sul lato ultra-nazionalista della politica erano preoccupati per la capacità dello zar di resistere al liberalismo, mentre politici come Stolypin, che proponeva di stabilizzare la società russa creando una classe di contadini ricchi, erano visti sia da sinistra che da destra come un pericolo per la loro agenda.

La principessa Elisabetta temeva il raffreddamento dei rapporti tra lei e la sorella.

Uno dei motivi, dice, è stata l'influenza dell'occultista e ipnotizzatore francese Pierre Vechet in tribunale. Elisabetta cercò di sostituire il francese con un mistico più russo.

I suoi pensieri si rivolsero a Sergei Nilus.

Il tentativo non ebbe successo, ma introducendo Nilo a

corte, Elisabetta riuscì a convincerlo a sposare una delle mogli della zarina.

Elena Uzero, il cui zio, Filippo Stepanov, presentò per la prima volta i protocolli al Gran Principe Sergej.

In nome di suo marito Nilus, che, nonostante si qualificasse come avvocato, non era troppo mistico per guadagnarsi da vivere.

Ozarua ha presentato una petizione al comitato di censura del governo per revocare il divieto sui protocolli in modo che suo marito potesse usarli nel suo libro.

Sullo sfondo della caotica rivoluzione del 1905 (in cui il Gran Principe Sergej, noto per il suo conservatorismo e la sua estrema crudeltà, fu assassinato), Nile ricevette il permesso di pubblicare i Protocolli nel settembre 1905.

Dato che ogni edizione e traduzione del mondo può essere attribuita a questa edizione, è stato in questo momento che il futuro di una delle più grandi menzogne della storia è stato assicurato.

La menzogna si diffonde nell'Europa occidentale

Mentre la crisi politica in Russia si sviluppava nella rivoluzione bolscevica del 1917, i nazionalisti radicali cercarono sempre più di ottenere il sostegno dei contadini associando i rivoluzionari bolscevichi a un complotto ebraico per dominare il mondo.

A ciò contribuì il fatto che c'erano parecchi ebrei bolscevichi, guidati dal leader rivoluzionario, Leon Trotsky.

Con l'ascesa al potere dell'Armata Rossa durante la rivoluzione, molti russi bianchi fuggirono in Europa e in America.

Per molti di questi russi sfollati che avevano perso la loro terra, il loro status sociale e le loro proprietà, la rivoluzione del 1917 fu la prova che i Protocolli erano corretti.

Alcuni portarono con sé copie del testo del Nilo contenente i Protocolli, e da esse i Protocolli furono tradotti in altre lingue europee.

La connessione della rivoluzione bolscevica con una cospirazione ebraica di russi bianchi attirò l'attenzione degli antisemiti di tutto il mondo.

È interessante notare che la prima edizione in lingua inglese, pubblicata sul Philadelphia Public Ledger dal giornalista Karl Ackermann, si riferisce ai bolscevichi.

La prima edizione antisemita in lingua inglese apparve in Gran Bretagna sul Morning Post nel 1920.

Fu seguita da una traduzione anonima intitolata "The Jewish Peril" da parte di un editore razzista, l'inglese, quello stesso anno. Le altre edizioni non tardarono ad arrivare.

Forse l'uomo più potente che si aggrappò ai Protocolli e li seguì fu Henry Ford, che acquistò il Dearborn Independent principalmente come strumento per realizzare le sue convinzioni antisemite.

Mentre molte persone identificavano il pericolo ebraico con i bolscevichi, altri in America, come Ford, erano preoccupati per la percepita egemonia ebraica sull'industria finanziaria in tutto il mondo e per il fiorente business cinematografico di Hollywood, in California.

La cosa grandiosa dei Protocolli, almeno per i teorici della cospirazione, era che fornivano una teoria che poteva essere usata contro l'influenza percepita degli ebrei, siano essi di sinistra o di destra, pilastri della società o rivoluzionari.

Invenzione letteraria

Man mano che i protocolli si diffondevano nelle principali lingue europee e venivano letti da milioni di persone, cominciarono ad accumularsi sempre più prove che si trattava di una frode.

Nile era probabilmente abbastanza zelante da credere che la storia che gli veniva propinata fosse la verità.

Tuttavia, come ha dimostrato la decisione iniziale di Nicholas di non consentire il rilascio dei protocolli, ci sono stati molti in Russia che hanno creduto che fossero fraudolenti fin dall'inizio.

Tuttavia, l'entità della frode è diventata evidente solo quando le traduzioni sono aumentate e sempre più persone sono diventate curiose di conoscere le origini di questo strano documento.

Forse la svolta avvenne nel 1921, quando il corrispondente da Costantinopoli del Times of England, Philip Graves, fu avvicinato da un immigrato russo in gravi difficoltà finanziarie con un manoscritto.

Anche se mancava il frontespizio, fu stampato a Ginevra nel 1864. Graves ha scritto sul Times:

"Prima di ricevere il libro da Mr. X, ero, come ho detto, un miscredente. Non credevo che i protocolli di Sergei Nilus fossero autentici; Hanno spiegato troppo con la teoria di una cospirazione ebraica su larga scala. La descrizione del professor Nilus di come sono stati realizzati è troppo melodrammatica per essere credibile, ed era difficile credere che i veri "dotti Savi di Sion" non avrebbero prodotto una trama politica più intelligente dei rozzi sottotitoli teatrali dei Protocolli. Ma non ci avrei creduto, se non avessi visto, che lo scrittore che ha fornito a Nile la sua fonte era un plagiatore negligente e spudorato.

A sua insaputa, Graves ricevette dal suo Mr. X una copia di un opuscolo scritto in francese da Maurice Jolie per descrivere satiricamente l'ambizione del francese Luigi Napoleone, l'ambizioso, autoritario e alla fine distruttivo nipote di Napoleone che governò la Francia dal 1852 al 1870.

Mancava il frontespizio Dialogue aux enfers entre Machiavel et Montesquieu (Dialogo all'inferno tra Machiavelli e Montesquieu).

Nel testo, i due filosofi si incontrano su una spiaggia deserta dell'inferno e si godono un dialogo socratico. Montesquieu, il saggista e filosofo francese dell'Illuminismo, sostiene la causa liberale, mentre Machiavelli è lì come un sottile riferimento all'osmanizzazione di Parigi, in cui molti dei vecchi quartieri di Parigi furono demoliti per far posto ai grandi viali di oggi, alla stravaganza economica di Luigi Napoleone e al suo uso delle società segrete come agente di politica estera.

Angelina Jolie fu arrestata e imprigionata mentre tentava di contrabbandare copie dell'opuscolo in Francia, suicidandosi infine nel 1879. Non poteva immaginare che dopo la sua morte sarebbe diventato l'autore di gran parte dei Protocolli di Sion. Sebbene Quando la polizia francese distrusse la maggior parte delle copie dei suoi Dialoghi di Ginevra, una copia sopravvissuta finì nelle mani del servizio segreto zarista, l'Okhrana, a Ginevra. L'articolo di Grieve ha mostrato che intere tavole del libro della Jolie sono state tradotte in russo e poi copiate nei protocolli.

Per esempio:
"Voi non conoscete l'infinita malvagità delle nazioni... strisciante verso il potere, spietato con i deboli, impeccabile, indulgente nei crimini, incapace di sostenere le contraddizioni di un regime libero e tollerante fino al martirio sotto la violenza di un'audace tirannia... Si danno dei padroni che perdonano per le loro azioni, per il minor numero delle quali venti re costituzionali sarebbero decapitati".
--Machiavelli, in Dialoghi di Ginevra, p. 43

Rispetto a:
"Con la loro feroce malvagità, i popoli cristiani stanno aiutando la nostra indipendenza – quando si inginocchiano si inginocchiano davanti al governo; quando sono spietati verso i deboli; spietato nell'affrontare i difetti, nell'attenersi ai crimini; Quando rifiutano di riconoscere le contraddizioni della libertà, quando tollerano il grado di martirio quando sopportano la violenza di una tirannia audace. Per mano dei

loro attuali dittatori, primi ministri e ministri, vengono maltrattati per aver assassinato venti re il più piccolo di loro".
--I Protocolli dei Savi di Sion, pagina 15

I Dialoghi di Ginevra non sono stati l'unico testo utilizzato per creare i Protocolli. L'idea di una riunione dei Savi di Sion ha avuto origine in un romanzo intitolato Biarritz di Sir John Ratcliffe. Ratcliffe non era affatto Sir. Invece, fu Hermann Godsche, un impiegato postale prussiano e reazionario che fu licenziato dal servizio postale prussiano per aver falsificato lettere che implicavano il leader democratico Benedick Vladeck in un complotto contro il regime prussiano. Godsha, trovandosi senza reddito, iniziò a scrivere sensazionali romanzi romantici. Era anche un antisemita dichiarato.
Biarritz fu pubblicato nel 1868. In un capitolo, "Nel cimitero ebraico di Praga", Godsche, ignaro del fatto che le dieci tribù di Israele delle dodici tribù di Israele non esistevano più, scrisse una scena in cui i dodici capi ebrei incontrano Satana in un cimitero, riferiscono sullo stato del loro complotto per conquistare il mondo e se ne vanno con l'intenzione di diventare re del mondo entro un secolo.

Molte delle strategie discusse per ottenere questo controllo sembrano essere state copiate direttamente dai dialoghi di Julie.

Dato che il capitolo del cimitero ebraico del romanzo di Gadesha è stato tradotto in russo e distribuito indipendentemente come libretto, è probabile che sia stato il catalizzatore per la fusione finale dei due testi nei Protocolli.

Autore ancora sconosciuto

Quindi, se non sono stati i Savi di Sion a scrivere il documento, chi l'ha scritto?

Non è ancora chiaro chi abbia scritto esattamente i protocolli, ma è probabile che l'inganno sia stato creato su ordine del capo dell'ocra a Parigi all'epoca, Pyotr Rehovsky, per cercare di legare gli oppositori dello zar a una cospirazione ebraica mondiale.

L'uomo più identificato con la sua scrittura è Mathieu Golubinsky, un aristocratico russo il cui padre era amico dello scrittore Fëdor Dostoevskij. All'università, Golubinski si unì ai Santi Fratelli, una società segreta ultra-nazionalista e antisemita che usava documenti falsi per screditare i rivoluzionari.

Da lì andò a lavorare nell'ufficio stampa del governo dello zar come spin doctor e corrompendo giornalisti.

Alla fine, i suoi piani lo sopraffecero e fu denunciato come informatore dallo scrittore Maksim Gorkij e licenziato.

Golubinski divenne una sorta di libero professionista e lavorò con il figlio di Maurice Joly in un giornale parigino, dove a quanto pare scoprì i Dialoghi di Ginevra.

Fu ingaggiato da Rehovsky per scrivere i protocolli come propaganda.

Golubinskij, che si presentava come un uomo di intrighi e opportunismo piuttosto che di ideali, continuò a disegnare per i bolscevichi dopo la rivoluzione del 1917 fino alla sua morte nel 1920.

Fu in questo periodo che il suo inganno cominciò ad .espandere la sua influenza nel mondo

Il significato della bufala

La misura in cui l'intera esistenza di questa nazione è basata su una menzogna continua è incommensurabilmente dimostrata dai Protocolli dei Saggi di Sion, che sono così incommensurabilmente odiati dagli ebrei.

Si basano su un falso, sospira e grida la Frankfurter Zeitung una volta alla settimana: la migliore prova che sono autentici.

Ciò che molti ebrei potrebbero fare inconsciamente è consapevolmente esposto qui. E questo è ciò che conta.

Il Mein Kampf fu scritto mentre Hitler era in prigione e pubblicato nel 1926.

Il Mein Kampf era un miscuglio roboante di autobiografia e filosofia politica.

Il suo antisemitismo si basava pesantemente su una fervente fede nei Protocolli dei Savi di Sion.

"Egli è del tutto indifferente alla mente ebraica da cui hanno avuto origine queste rivelazioni; L'importante è che con terrificante certezza, positivamente, rivelano il carattere e l'attività del popolo ebraico e rivelano i suoi contesti interni, così come i suoi fini ultimi. Ma la migliore critica che viene loro applicata è la realtà. Chiunque esamini lo sviluppo storico degli ultimi cento anni dal punto di vista di questo libro è diventato proprietà comune di un popolo, la minaccia ebraica può essere considerata infranta." - Mein Kampf di Adolf Hitler

Più di ogni altra cosa, si può trovare l'importanza dei Protocolli nell'uso che Hitler ne fece come base per il suo antisemitismo.

La devastazione causata alla Germania dai termini della resa ai sensi del Trattato di Versailles creò condizioni che contribuirono notevolmente a una teoria del complotto.

I protocolli sono stati scoperti al momento giusto e hanno subito trovato un pubblico tedesco entusiasta.

Sebbene libri e articoli abbiano dimostrato la falsità dei Protocolli almeno dal 1920, Hitler, come molti altri, non ebbe problemi a sostenere che fossero veri.

Anche se è improbabile che l'assenza dei Protocolli avrebbe impedito l'ascesa di Hitler e del suo fanatico antisemitismo, essi furono utili, e come tali potrebbero essere visti come un fattore che contribuì all'ascesa dei nazisti e alla Soluzione Finale.

Henry Ford

Altri importanti sostenitori dei Protocolli dell'epoca includevano il costruttore di automobili e truffatore politico Henry Ford, che era un antisemita dichiarato, e acquistò persino un giornale, The Dearborn Independent, principalmente per mostrare le sue opinioni antisemite.

Fu uno dei più forti sostenitori della verità dei Protocolli dei Savi di Sion.

Quando alla fine è stato costretto a riconoscere che i protocolli erano fraudolenti, ha affermato in modo poco convincente che il suo team lo aveva ingannato.

Ford ha dichiarato in una dichiarazione:

"L'unica affermazione che conta per me riguardo ai protocolli è che si adattano a ciò che sta accadendo. Ora hanno sedici anni e hanno adattato la situazione mondiale fino a questo momento. Adesso ci stanno bene".

Nonostante tutte le prove del contrario, Ford mantenne l'autenticità dei protocolli fino al 1927, quando fu costretto a ritrattarli pubblicamente, e lo fece trasferendo il denaro al suo staff, sostenendo in modo poco convincente che lo avevano indotto in errore a credere nella loro autenticità.

Dato il ruolo centrale di Ford nel complesso militare-industriale americano e la sua ammirazione per Hitler, i Protocolli potrebbero aver giocato un piccolo ruolo nel clima politico che ha portato all'ingresso tardivo degli Stati Uniti nella seconda guerra mondiale.

Si può perdonare chi pensa che dopo l'Olocausto i Protocolli sarebbero passati alla storia come una delle più brutte menzogne del mondo.

Eppure continuano a prosperare, soprattutto in Medio Oriente, dove contribuiscono ad alimentare conflitti di lunga data tra israeliani e il mondo arabo.

In alcuni paesi, come l'Arabia Saudita, i protocolli si trovano persino nei programmi scolastici.

Le oppressive élite dominanti di questi paesi vedono la stessa opportunità dello zar Nicola: i Protocolli sono un modo conveniente per trovare capri espiatori per le misere condizioni di vita in cui la maggior parte degli abitanti del mondo arabo continua a vivere.

Paradossalmente, uno degli altri maggiori sostenitori dei Protocolli come Verità tende ad essere un gruppo cristiano conservatore.

L'ascesa del neonazismo, specialmente tra le molte persone disconnesse dell'ex blocco sovietico, è un altro luogo in cui i Protocolli stanno godendo di una rinascita nelle mani di persone che si preoccupano meno dell'autenticità delle menzogne.

Lezioni pratiche dai protocolli

Il Protocollo n. 1, ad esempio, "Pertanto, nella gestione del mondo, i migliori risultati si ottengono con la violenza e l'intimidazione, non con le discussioni accademiche", mentre il Protocollo n. 23 propone di rendere il pubblico infelice, sottomettendolo così con l'approvazione di leggi che vietano l'acquisto o la vendita di bevande alcoliche e contro l'ubriachezza pubblica.

Molti dei protocolli più inquietanti sono stati adottati dai politici di destra del loro tempo come mezzo per motivare i loro sostenitori più ardenti. Selezionando gli elementi che meglio rispondevano alle loro esigenze e caricandoli sul carro dell'antisemitismo in continua evoluzione, tutti, incluso Adolf Hitler, sostenevano che i Protocolli erano autentici. Sono diventati uno scrigno di motivazioni razziste.

"Distruggeremo tra le masse l'importanza della famiglia e dei suoi valori educativi", dichiarava il Protocollo n. 10.

Il numero 12 ha promesso: "Faremo rispettare e frenare la stampa su un marciapiede stretto... Nessun annuncio raggiungerà il pubblico senza il nostro controllo".

Per stringere un po' di più le viti dei pollici, il Protocollo n. 14 dichiarava: "Non sarebbe desiderabile per noi avere una religione diversa dalla nostra... Pertanto, dobbiamo spazzare via tutte le altre forme di fede".

Nel caos economico e politico che seguì la Prima Guerra Mondiale e la Rivoluzione Russa, ci vollero solo brevi riferimenti ai Protocolli perché gran parte della cultura popolare americana ed europea si impadronisse di una cospirazione segreta di ebrei che complottavano per conquistare il mondo.

Tra i sostenitori c'era il magnate dell'automobile Henry Ford, che lanciò il giornale Dearborn Independent nel 1920 in parte come mezzo per diffondere i Protocolli.

Con l'eccezione di Hitler, che citò i Protocolli del Mein Kampf e alcuni passaggi del libro furono letti dal parlamento rumeno come una giustificazione per l'espulsione degli ebrei da quel paese.

I Ventiquattro Protocolli

I Ventiquattro Protocolli dei Savi di Sion descrivono come gli ebrei governeranno il mondo.

Di seguito è riportato uno schema dei ventiquattro protocolli:

Protocollo Uno: La Dottrina di Base
Il Secondo Protocollo: le Guerre Economiche
Protocollo III: Metodi di occupazione
Protocollo quattro: il materialismo sostituisce la religione
Protocollo Cinque: Tirannia e Progresso Moderno
Protocollo Sei: Tecniche di Acquisizione
Il Settimo Protocollo: Guerre Mondiali Interminabili
Protocollo VIII: Governo provvisorio
Protocollo IX: Rieducazione delle masse
Protocollo X: Preparazione dell'alimentazione
Protocollo XI: Lo Stato totalitario
Protocollo XII: Controllo della pressa
Protocollo XIII: Distrazioni
Protocollo XIV: Un attacco alla religione
Protocollo XV: Repressione implacabile

Protocollo XVI: Lavaggio del cervello alle masse

Protocollo XVII: Abuso di autorità

Protocollo XVIII: Arresto degli oppositori

Protocollo XIX: Governanti e Popolo

Protocolli XX: schemi finanziari - controllo sull'offerta di moneta

Protocollo XXI: Prestiti e Credito - Pegno attraverso il debito

Protocolli XXII: Il potere dell'oro

Protocolli XXIII: Instillare la conformità

Protocolli XXIV: caratteristiche del righello

Informazioni sull'autore

Ian Day è nato in Australia. Vive con la moglie, due figli e tre gatti nel suo ranch di 35 acri, Rancho Diablo, in Arizona.